LES ARMOIRIES DES CHIRURGIENS DE SAINT COME

AUX XVIe, XVIIe ET XVIIIe SIÈCLES

(SCEAUX ET ARMOIRIES DES COMMUNAUTÉS ET COLLÉGIALES)

SUIVIES DE LA

COLLECTION COMPLÈTE DE CES ARMOIRIES

(*D'après l'Armorial de d'Hozier*)

Par le Docteur H. DAUCHEZ

Ancien Interne des Hôpitaux de Paris

Secrétaire général de la Société de Saint-Luc, Saint-Côme et Saint-Damien

A. PICARD, ÉDITEUR

82, rue Bonaparte

PARIS

LES ARMOIRIES

DES

CHIRURGIENS DE SAINT COME

AUX XVIe, XVIIe ET XVIIIe SIÈCLES

LES

ARMOIRIES

DES

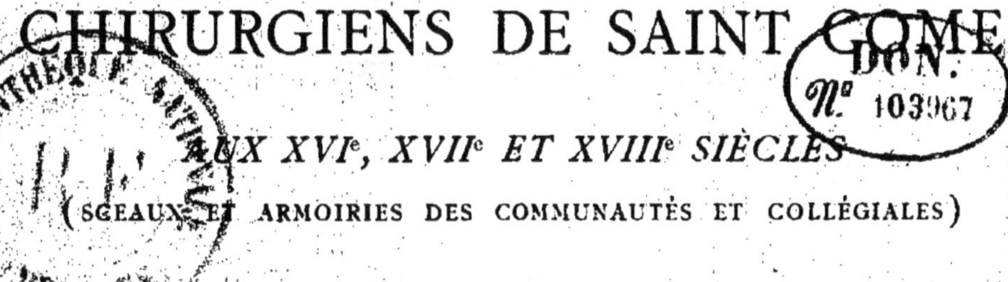

CHIRURGIENS DE SAINT COME

AUX XVIe, XVIIe ET XVIIIe SIÈCLES

(SCEAUX ET ARMOIRIES DES COMMUNAUTÉS ET COLLÉGIALES)

SUIVIES DE LA

COLLECTION COMPLÈTE DE CES ARMOIRIES

(D'après l'Armorial de d'Hozier)

Par le Docteur H. DAUCHEZ

Ancien Interne des Hôpitaux de Paris
Secrétaire général de la Société de Saint-Luc, Saint-Côme et Saint-Damien

A. PICARD, ÉDITEUR

82, rue Bonaparte

PARIS

LES ARMOIRIES

DES

CHIRURGIENS DE S. COME

AUX XVIe, XVIIe ET XVIIIe SIÈCLES

(SCEAUX ET ARMOIRIES DES COMMUNAUTÉS ET COLLÉGIALES)

Suivies de la Collection complète de ces Armoiries

(d'après l'Armorial de d'Hozier)

S'il est un fait bien établi, et partant facile à démontrer, à coup sûr c'est l'organisation progressive et la persévérante énergie des Maîtres Chirurgiens de Saint-Côme à dater de leur fondation sous saint Louis, de la reconnaissance de leurs lettres de noblesse sous Louis XIII jusqu'à la fondation de l'Académie de Chirurgie, installée vers 1775 dans les bâtiments confisqués plus tard par notre Faculté actuelle qui conserve les médaillons des plus illustres chirurgiens de Saint-Côme, gravés sur son frontispice.

Ce fut là une époque décisive où Saint-Côme triompha définitivement des barbiers, des empiriques et surtout de la Faculté toujours jalouse des succès des Maîtres Chirurgiens dont la devise : *Consilioque manuque mortem arte pellit*, semblait un défi.

Nous n'entreprendrons pas ici l'histoire de cette célèbre confrérie, mais, nous proposant seulement de montrer, qu'en s'organisant sous Louis XIII, les chirurgiens avaient reçu de ce prince, né le 27 septembre, fête de saint Côme, l'autorisation d'introduire la fleur de lys dans leur blason portant : trois boîtes à pilules (2 et 1) avec fleur de lys en pal [1], nous avons pensé que la description de ces armoiries [2] méritait d'être conservée et soumise à la Société de Saint-Côme, dont elles constituent les titres de noblesse.

Avant donc d'aborder cette question qui est l'objectif principal de cette note, disons tout d'abord que la plupart des centres où vivaient en « communauté » les maîtres chirurgiens, n'avaient qu'un sceau en cire rouge, appendu aux diplômes (coll. du docteur Le Bele, du Mans), signe officiel de la validité de l'acte. Les armoiries n'avaient donc qu'un intérêt secondaire, ne constituaient qu'un objet de luxe [3], et variaient un peu au gré du caprice des chirurgiens et des artistes. Seul, celui que Louis XIII octroya aux Chirurgiens de Saint-Côme et figure à l'armorial (sans la fleur de lys), pouvait être regardé comme un titre de noblesse, de par la libéralité royale. — Rappelons en passant que Charles V, encore dauphin, avait voulu être affilié à la Confrérie de Saint-Cosme. Il n'est donc pas surprenant que la royauté ait voulu conserver à une confrérie qui comptait un roi dans ses rangs, ses droits et prérogatives.

1. L'*Armorial* ne reproduit pas la fleur de lys octroyée sous Louis XIII.
2. Règlement de 1754, p. 80. (Franklin.)
3. A partir de 1699. dit le docteur Corlieu, le roi Louis XIV, désireux de reconstituer les finances du royaume, octroya des armoiries parlantes aux villes, aux collectivités et aux particuliers, moyennant une somme de vingt à quarante livres suivant que les armoiries étaient accordées aux particuliers ou aux communautés.

L'obligation imposée aux professions libérales, d'accepter ces armoiries, fit même l'objet d'un édit de Louis XIV. (P. de Brucker.)

Nous serons très brefs dans la description de ces armoiries, et nous commencerons par trois pièces que nous devons à l'obligeance de notre savant ami, le docteur Alezais (de Marseille). Ces pièces extraites de l'*Armorial de France* et du livre des *Statuts des Chirurgiens* (1770-1785), sont empruntées à Regis de la Colombière.

La première (celle de l'*Armorial de France*) est « de gueules à une église d'argent, accostée de deux boëttes à savonnette, couverte de même, et surmontée d'une fleur de lys d'or, rayonnée de même ». La « devise en support » était prétentieuse : « *sanat omnia* ». — La seconde, celle de l'armorial de Marseille, était « d'azur à la fleur de lys d'or, sur une étoile à seize raies accostée de deux boites à savonnette, et en pointe une chapelle d'argent couverte de gueules (Sans devise) ».

Enfin le troisième écusson du livre des Statuts (1770 à 1785) avait pour devise : « *Augustis tutum est liliis* », devise que nous retrouvons reproduite sur le sceau ou sur un jeton de la communauté des Chirurgiens de Bordeaux.

Le Règlement de 1754 porte en tête une vignette très compliquée ayant au centre les armes de la corporation qui se trouvent reproduites isolément à la page 80 : d'azur à la fleur de lys d'or rayonnante accompagnée de trois boîtes couvertes d'argent. La devise : « *Consilioque manuque* ».

D'après Regis de la Colombière, le dernier écusson portait « deux fleurs de lys en chef et un livre d'argent en pointe, ouvert, avec ces mots : Mémoire de l'Académie royale de Chirurgie. Pour supports, images de saints Cosme et Damien sur terrasses chargées d'attributs de chirurgie et légende. Ces trois pièces sont conservées dans nos archives à la disposition de nos confrères.

Comme à Marseille, la Communauté des Chirurgiens de Bordeaux avait, elle aussi, une Société académique de Chirurgie citée par le docteur Péry [1], et qui se réunissait « tous les jeudis non fêtés, à trois heures de relevée, dans la grande salle du collège de Saint-Cosme ». Le 8 mars 1781 cette même académie se réunissait à nouveau pour y discuter, sur la proposition de Felloneau, l'opportunité de « consultations gratuites rédigées par écrit lorsque le cas le requerra, en faveur des pauvres affligés de quelques maladies chirurgicales ». A cette même date, les chirurgiens bordelais décidèrent également de répondre consultativement « aux malades dont la nature de la maladie ou que la distance empêcherait de se rendre au collège de Saint-Cosme, rue de Lalande ».

Le jeton, reproduit par le docteur Péry, avec sa légende : « *Junctos augusta tuentur lilia* », représente, croyons-nous, saints Côme et Damien, patrons du corps chirurgical, vêtus de la robe, coiffés du bonnet, l'un d'eux levant le bras gauche, le second joignant les mains.

Dans la très intéressante brochure consacrée, en 1899, par M. le docteur Pifteau, membre de la Société de Saint-Côme, sur les maîtres chirurgiens et barbiers de Tholose en 1544, nous trouvons également les armoiries des dits maîtres composées d'un écusson ovale à deux demi-faces représentant chacune un personnage en robe, dont l'un, celui de gauche, est coiffé et lève la main droite, dont l'autre, tête nue, présente un livre à son vis-à-vis ; au-dessus des dits personnages non nimbés, en chef d'azur, sont rangés trois boîtes d'argent (côte à côte) couvertes, surmontées d'une cou-

1. Histoire de la Faculté de médecine de Bordeaux, de 1448 à 1888, par le docteur Péry, p. 216. (Bordeaux, 1890-91.)

ronne et de l'inscription suivante, en caractères modernes sur banderolle : « Communauté des chirurgiens jurez de Toulouse. » La pièce ci-jointe extraite de la savante notice du docteur Pifteau nous dispensera d'une plus longue description.

Armoiries des chirurgiens de Toulouse en 1544.

Il importe ici de remarquer, que, dans certaines Facultés de médecine, où les chirurgiens avaient voix prépondérante, le culte et la représentation des saints Côme et Damien primaient sur saint Luc dans les sceaux de Poitiers et de Pont-à-Mousson que nous ont communiqués MM. les docteurs Le Bele (du Mans) et Hyver (de Nancy).

Le sceau de la Faculté de Poitiers, qui se trouve reproduit dans les Mémoires de la Société des Antiquaires de l'Ouest (tome XXVII, année 1862) est un sceau figurant, comme l'indique la pièce ci-jointe, saints Cosme et Damien, nimbés, porteurs d'une aumônière, et tenant à la main une fiole.

Sceau de la Faculté de médecine de Poitiers.

Dans le même recueil figure la masse de la Faculté de médecine de Poitiers, fabriquée en 1615 par un orfèvre de Paris. Les statuettes de nos saints patrons, voire même de saint Luc, y sont gravées, alternant avec les armes du Roy, de la ville de Poitiers, de l'Université et avec celles des douze docteurs régents alors en exercice.

La même remarque s'applique à la pièce publiée en 1876 par M. Hyver laquelle est extraite des Mémoires de la Société d'archéologie lorraine. Ce sceau que l'on trouvera ci-joint représente lui aussi saints Côme et Damien, bien que la légende inscrite autour des deux personnages coiffés d'un bonnet et tenant un miroir à la main porte la mention suivante « *Sigillum recens facultatis medicinæ Ponti Mussi.* »

Sceau de la Faculté de médecine de Pont-à-Mousson.

Mais contrairement à l'interprétation de M. Hyver, à laquelle nous nous étions tout d'abord ralliés, l'inscription gravée au-dessus des personnages du sceau de Pont-à-Mousson « ANA PEY POI » doit se traduire, comme l'a très judicieusement reconnu M. le professeur Dourif, de Clermont-Ferrand, par la qualification d'ἀναργυροι (anargyres), dénomination sous laquelle étaient connus les patrons des chirurgiens.

En dehors des associations des chirurgiens, partout où existait une collégiale du titre de Saint-Côme et Damien, affiliée ou non à un groupe de chirurgiens, nous voyons reparaître les saints anargyres. C'est ainsi qu'à Luzarches, lieu de pèlerinage très ancien des chirurgiens de Paris, où se vénéraient les reliques de nos saints s'était fondée une collégiale dont M. Hahn père (de Luzarches, Seine-et-Oise) a bien voulu nous communiquer le sceau appendu au diplôme de Nicolas Flamand, chanoine de cette collégiale au siècle dernier.

Ce sceau que nous reproduisons ici a été conservé dans le magnifique ouvrage de M. Georges Rohault de Fleury (*Monuments des Saints du Canon de la messe*, tome V, fascicule saints Côme et Damien, pl. XIX).

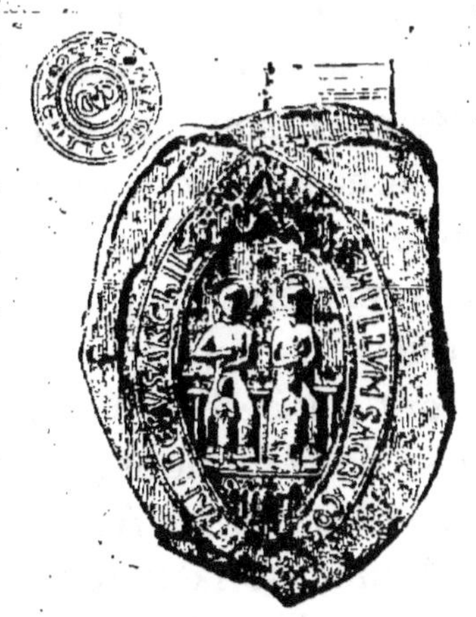

Sceau de la Collégiale de Luzarches
(Seine-et-Oise).

Notre savant confrère, M. le docteur Dourif (de Clermont-Ferrand), nous a récemment adressé l'empreinte d'un sceau du XIVe siècle à en juger par les caractères, par sa forme et par la simplicité du costume. (R. P. de Brucker). Cette pièce, provenant d'une collection d'un médecin de Vienne (Rhône) et appartenant à M. le docteur Dourif, représente saints Côme et Damien à la fois comme martyrs et comme médecins. Chacun d'eux en effet porte de la main droite une courte épée, emblème de la décapitation, par laquelle fut consommé leur martyre, de la main gauche un pot à onguent couvert rappelant ceux que figure Arth. Forgeais au chapitre des Barbiers, dans sa « *Notice sur les plombs historiés des corporations* » retrouvés dans la Seine (R. P. de Brucker).

L'inscription presque indéchiffrable ne saurait permettre d'affirmer l'origine de ce sceau si original :

« *S..... (igillum), decani et canonicorum i..... (nsignis) ecclesiæ.* ALLIN ☩.

Ce dernier mot ne peut s'appliquer ni à la ville du Puy (Aniciensis seu Podensis) — ni à Saint-Allyre (Illiciensis) ni à l'une des villes de France, d'Italie ou de Belgique désignée sous les noms latins de : « Alti montis — Alti monasterii » — ou Omont — Haumont-Montalto comme l'avait pensé le R. P. de Brucker. — Certes ces monastères sont nombreux et, pour n'en citer que quelques-uns, rappelons les noms des monastères de Haumont (diocèse de Cambrai) dédié à saints Pierre et Paul — de Hautmont (Ardennes) dédié à ces mêmes saints par les moines Augustins vers 840 — du monastère d'« Altum monasterium » dans la Mayenne, ce dernier dédié à la Très Sainte Vierge. (Rohault de Fleury.)

Aucun d'eux n'était dédié à saints Côme et Damien. Dans le Dictionnaire interprète manuel des noms latins de la géographie ancienne et moderne par Chaudon (1777), ouvrage communiqué par M. Picard, éditeur, rue Bonaparte, Paris, 1899, nous trouvons cité Montalto (Altus mons), ville du royaume de Naples. Dans l'ouvrage plus récent de Riestapp, t. II, p. 248, nous trouvons cités : 1° Montalt en Suisse (canton des Grisons) ; 2° Montalt en Angleterre ; 3° Montalto en Italie. — Aucun de ces auteurs n'indique l'existence ni d'un décanat, ni à plus forte raison l'existence du patronage de nos saints dans ces communes.

Nous nous contenterons donc de reproduire la pièce (fig. 5) en l'encadrant du commentaire suivant que veut bien nous communiquer M. le docteur Dourif :

« Comme on lit très nettement dans la légende du sceau original le mot all... der, toutes les interprétations du mot « altimont » me semblent inutiles, ne se rapportant nullement au sujet. Les lettres, qui suivent l'a, sont les mêmes et ne sont pas barrées comme la lettre t, il n'y a d'incertitude que pour les deux suivantes, car les dernières sont très nettes : « der ». Nous trouvons dans le voyage de Dom Jacques Boyer publié dans les mémoires de l'Académie de Clermont en 1884, p. 454 : de Allodiis, les Alleus (Diocèse de Saintes) ; p. 464 : S. Maria de Allodiis, les Alleus, Abbat dictoniensis ; p. 468 : Catalogus Abatissarum S. Mariæ et S[ti] Laurentii de Allodiis, exceptus e necrologio hujus parthenonis. »

Collégiale Saint-Côme (provenance inconnue), collection du docteur Dourif.

Ajoutons, pour clore cette longue digression, que pour M. de Barthélemy, membre de l'Institut, et M. Roland Delachenal, archiviste-paléographe, aucune interprétation n'est possible sans un examen très approfondi de la matrice du sceau, qui, d'ailleurs, n'était celui d'aucune communauté de chirurgiens, mais seulement d'une collégiale.

Les quelques pièces justificatives que nous venons de soumettre à la Société de Saint-Luc, Saint-Cosme et Saint-Damien, prouvent bien qu'en France le culte des saints Cosme et Damien était général. Mais c'est dans les provinces du Nord que cette tradition semble avoir été la mieux conservée. Grâce aux travaux [1] de notre savant et très sympathique collègue en saint Luc, le docteur Alexandre Faidherbe, nous avons pu joindre à notre collection les armoiries des chirurgiens de Lille, de Douai, de Dunkerque, d'Audenarde et de Bruges que nous reproduisons ci-joint :

Armoiries de la corporation des chirurgiens de Lille avant 1760. Collection du docteur Faidherbe. *(Arm. gén.* de d'Hozier, 1696 ; édition Borel d'Hauterive) ; d'après un dessin à la plume dû à l'obligeance de M. Georges Rohault de Fleury.

Armoiries de la corporation des chirurgiens de Douay (1696) ; collection du docteur Faidherbe (1696). (Dessin à la plume de M. G. Rohault de Fleury.)

1. Notes médicales sur l'ancienne Flandre (1892), par le docteur Faidherbe (de Roubaix).

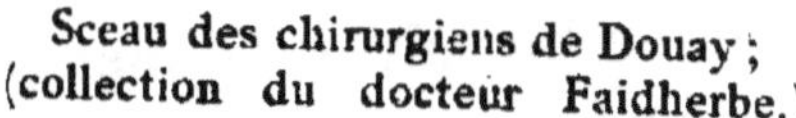
Sceau des chirurgiens de Douay ; (collection du docteur Faidherbe.)

Armoiries de la corporation des chirurgiens de Dunkerque (1696) ; collection du docteur Faidherbe (1696). Ce troisième blason, comme les précédents, a été reproduit par notre savant et bienveillant ami, M. G. Rohault de Fleury.

A Lille, dit le docteur Faidherbe, les armoiries primitives[1] de la corporation représentaient les deux saints assis, la tête entourée d'une gloire d'or : « de gueules à deux figures de saint Cosme et saint Damien, assises d'argent, leurs testes entourées d'une gloire d'or ». (D'HOZIER, édit. Borel d'Hauterive, *Armorial de Flandre.*) Le même armorial décrit comme suit les armoiries des chirurgiens de Douai : « d'argent à un saint Cosme et Damian de carnation, habillez de sable et coiffez de bonnets quarez de même, le premier gesticulant de sa main gauche et le second tenant devant soy entre les siennes un petit coffret de gueules et tous deux posez sur une terrasse de sinople. »

La communauté des chirurgiens de Dunkerque les figurait de même dans ses armoiries (d'après D'HOZIER,

1. En 1792, ces armoiries furent changées et remplacées par un écusson portant, outre les trois boëttes à pilules, un serpent rampant, posé en face, la tête tournée à dextre. Catalogue de la corporation des chirurgiens de Lille (collection Quarré-Reybouron). — Cité par le docteur Faidherbe.

édit. Borel d'Hauterive) : « d'argent à saint Cosme et saint Damien sur une terrasse de sinople à côté l'un de l'autre ayant le visage et les mains de carnation, vêtus de gueules et de pourpre, ayans chacun un bonnet quarré de gueules sur leurs têtes, tenant l'un une fiolle d'argent, et l'autre une boëtte de même de leurs mains dextres et un livre ouvert de leurs mains senestres et un dauphin d'azur, crête et oreillé de gueules, posé en chef et séparé du reste par un trait de sable. »

Dans ses *Notes médicales sur l'ancienne Flandre* (pp. 8 et 9) le docteur Faidherbe fait aussi mention de la corporation des chirurgiens, fondée vers le XIVe siècle à Bruges, sous le patronage de saints Cosme et Damien et qui comptait, d'après Demeyer (*Notice historique,* p. 10 et suiv.), des membres distingués.

« Elle avait, ajoute le docteur Faidherbe, près du « bourg et sous les murs mêmes de la chapelle du Saint-« Sang une réunion appelée : *Het steen,* où les mem-« bres tenaient séances à époques fixes. Une chapelle « qu'elle entretenait à ses frais, lui était réservée dans « l'église Saint-Jacques et était placée sous le vocable « de ses patrons. Le 18 août 1427 elle décida de fonder « une messe solennelle qui serait dite en la chapelle le « 27 septembre de chaque année et où devaient assis-« ter tous ses membres. C'est le 28 août 1432 seule-« ment que le doyen signa, avec le curé et les marguil-« liers de l'église, l'acte qui établissait ce service en « l'honneur des patrons de la corporation [1]. »

« Lorsque les troubles religieux bouleversèrent la « Flandre au XVIe siècle, Bruges ne fut pas épargnée et « la chapelle de Saint-Côme, Saint-Damien, de même « que l'église Saint-Jacques, fut dévastée en 1579 par « les protestants. La corporation la restaura pourtant,

1. Archives provinciales de Bruges, 12-9.

« mais c'était une lourde charge pour elle, et le 31 jan-
« vier 1636, elle dut solliciter des échevins l'autorisa-
« tion de doubler les droits que payait chaque nouveau
« maître à son entrée dans la corporation et qui d'ail-
« leurs étaient de tout temps consacrés à l'entretien de
« la chapelle[1]. »

...Plus tard, à la demande de la corporation, Robert de Haynin, évêque de Bruges, institua, par lettres spéciales du 27 avril 1666, une confrérie des saints Côme et Damien qui était ouverte aux fidèles des deux sexes et avait son siège dans la chapelle (*Ibid.*)... La même année, le service solennel du 27 septembre fut célébré par l'évêque lui-même. Le chirurgien Adrien Van Middlen, qui avait en sa possession les reliques et le tableau des saints anargyres sauvés du pillage, les y réintégra. (DEMEYER, *Notice historique*, p. 13.)

Parmi les coutumes adoptées à Bruges par les chirurgiens, rappelons encore la procession du Saint-Sang, le jour de la fête de la corporation, date à laquelle les chirurgiens de l'Écluse, d'après les accords de 1423, 1446 et 1562 devaient fournir quatre stoopen du meilleur vin pour le banquet organisé par eux à la fête de saints Côme, Damien. (*Arch. prov. de Bruges*, 20-14, Dr FAIDHERBE.)

Le jour choisi pour ce banquet à Bruges et à Gand fut tout d'abord la saint Barthélemy (S. Bartholomé). C'est en 1532 que Pierre Veldeman, doyen des chirurgiens de Gand, fit adopter la fête de saint Côme et saint Damien comme fête corporative.

Revenons en terminant au sceau de la corporation de Bruges et d'Audenarde par lesquels nous finirons cette étude.

Le sceau des chirurgiens de Bruges représentait

1. Archives provinciales de Bruges, 39-15.

les deux Saints debout en robe longue bordée d'hermine, tenant d'une main un livre et de l'autre une fiole ;

Sceau des chirurgiens de Bruges.

Extrait de la thèse du docteur Faidherbe
« *Les médecins et chirurgiens de Flandre avant 1789.* »
Th. Paris, 1892, pp. 186-187.

leur tête était ceinte d'une gloire. Au pourtour, on lit l'inscription :

+ « SIGILLVM CHYRVRGIÆ BRVGENSIS

D'autres corporations de la Flandre Belge, ajoute le docteur Faidherbe[1], étaient encore placées sous le patronage des saints Côme et Damien. — Celle d'Audenarde, notamment, avait sur son cachet, outre l'inscription : SOCIETAS SS. COSMÆ ET DAMIAN. ALDENARDŒ », la figure des deux saints. L'un vêtu d'une robe, bordée d'hermine, est coiffé d'un chaperon et s'appuye de la main gauche sur un bâton tandis que de l'autre il porte une fiole allongée. L'autre, plus petit, est vêtu d'une robe, garnie d'une pèlerine, et coiffé d'un bonnet carré, sa main droite tient un vase rebondi tandis que la gauche élève une baguette.

1. Notes médicales sur l'ancienne Flandre (*Journal des Sociétés médicales de Lille*, 56, rue du Port, 1892) par A. Faidherbe.

Sceau de la corporation des chirurgiens d'Audenarde.
(Th. Faidherbe, Paris, 1892, p. 187.)

Bien que nous n'ayons pu nous procurer la reproduction des armoiries des chirurgiens de Valenciennes et de Tournay, nous savons pourtant que ces corporations avaient, elles aussi, adopté les saints anargyres comme patrons, ainsi qu'en témoigne l'armorial de Flandre d'après d'Hozier.

A Valenciennes, ces armoiries portaient, d'après d'Hozier : « d'argent à deux saints de carnation, posez en pied sur une terrasse de sinople, un à dextre, vêtu de pourpre sur or, tenant devant soy une boëte d'argent et l'autre à senestre, vêtu de sable, ayant un rabat d'argent et tenant aussy devant soy une espatule de même, et en chef une lancette ouverte d'azur, garnie de sable ».

Celles de Tournay figuraient : « d'or à un saint Cosme et saint Damien afrontez de carnation, vêtus de gueules et de pourpre brodé d'or ; le premier, tenant de sa senestre une fiole d'argent, et le second tenant de la dextre une spatule de même et de sa senestre une fiole aussy d'argent ; le tout posé sur une terrasse de sinople ». (Armorial de Flandre.)

Cette longue énumération, qui nous a paru de nature à témoigner du respectueux patronage de nos ancêtres dans l'art de guérir pour les saints martyrs Côme et

Damien, n'est-elle pas aussi un éloquent plaidoyer en faveur de la noblesse et de l'origine lointaine de notre société de Saint-Cosme, réminiscence moderne de la vieille confrérie.

Et si l'on nous objecte les humbles origines de ces communautés isolées des chirurgiens, nos ancêtres dans l'art de guérir, rappelons que nous relevons de Jean Pilard, notre fondateur au XIIIe siècle qui édicta les premiers statuts en réglementant la chirurgie, et de La Peyronie, fondateur de l'Académie de chirurgie au XVIIIe siècle, deux maîtres qui sauvèrent de l'empirisme et du discrédit la chirurgie aujourd'hui si florissante.

« *Consilioque manuque mortem arte pellit !*

Entête des diplômes des chirurgiens de Douai (SS. Côme et Damien).
Collection du docteur Faidherbe (de Roubaix).

COLLECTION

des Armoiries des chirurgiens de Saint-Côme[1] à la fin du XVIIe siècle d'après l'Armorial général de d'Hozier

Par le docteur H. DAUCHEZ (de Paris),

Ancien chef de Clinique adjoint de la Faculté,
Ancien interne des Hôpitaux de Paris
Secrétaire général de la société de Saint-Luc, Saint-Côme et Saint-Damien.

La collection complète des armoiries ci-jointes résume la liste des blasons octroyés de 1696 à 1699 aux communautés des chirurgiens de saint Côme en France. Le dépouillement de ce volumineux dossier, simple extrait de l'armorial général de d'Hozier, nous eût été impossible sans l'indicateur des armoiries des villes, bourgs, monastères, communautés, corporations, etc., édité en 1879 par Ulysse Robert (A. Picard, éd. à Paris)[2]. Le lecteur trouvera également la clef des termes héraldiques dans le dictionnaire des termes du blason de Riestapp. (Biblioth. Nat., salle des manuscrits. Tome 3,900, n° 522, rayon de droite en entrant.)

Avant d'entrer plus avant dans notre sujet, il importe d'exposer quelques considérations préliminaires qui ressortent de la lecture des blasons décrits plus loin.

Loin d'être prescrite à titre purement honorifique, l'obligation faite par Louis XIV à toutes les corpora-

1. Il existait à cette époque cent soixante-quatre communautés de chirurgiens divisées par provinces. On verra plus loin qu'à cette époque la province de Tours englobait le Maine et que le diocèse de Soissons était distinct de la province de Champagne. Ces communautés étaient réparties en vingt provinces ; nous avons en raison de leur voisinage, réuni les provinces de Picardie et de Flandre. Toutes les autres sont classées par ordre alphabétique.

2. Cet ouvrage est à la disposition du public ainsi que l'armorial général, salle des manuscrits, à la Bibliothèque Nationale (de 10 h. à 4 h.)

tions, villes, communautés, etc., d'avoir des armoiries était purement et simplement une mesure fiscale.

C'est ainsi qu'entre des centaines d'autres corps de métiers, nous trouvons décrites dans l'Armorial général de d'Hozier, les armoiries de nombreux ordres religieux, des chapitres, des confréries, des officiers du grenier à sel, des officiers des traites foraines[1], des bonnetiers, cabaretiers, chaussetiers, chaudronniers, chaufourniers, cordonniers en veau, éperonniers, houpiers, des selliers, fustiers, des scieurs d'ais, des savetiers, des marchands de violons, des hortillons et jardiniers, des graveurs, des mandeleurs, des marchands de vins, orfèvres, ordiers, quincailliers, taillandiers, tisserands, potiers, tonneliers, etc...

Il n'est donc pas surprenant que certaines provinces, certains diocèses, tels que le Dauphiné, le Bourbonnais, le Béarn, le diocèse de Versailles, n'aient pas mentionné les communautés de chirurgiens qui évitaient de se grouper pour échapper à l'impôt.

C'est sans doute aussi la raison pour laquelle des villes comme Strasbourg, Nancy, Reims, Troyes, Toulon, Aix en Provence ne possédaient aucune de ces institutions. En Bourgogne, en Picardie, dans le diocèse de Paris, c'est à peine si l'on trouve les chirurgiens associés dans quelques villes.

Par contre on rencontre dans certaines provinces un nombre considérable de communautés chirurgicales

1. Nous devons à l'obligeance de M. Roland Delachenal, archiviste-paléographe, lauréat de l'Institut, l'explication suivante relative à ces diverses corporations : Les traites foraines étaient les impositions, les droits prélevés à l'entrée et à la sortie des provinces ou du royaume par des préposés dits « officiers » chargés de taxer les marchandises foraines ou étrangeres : 1° Les chaufourniers fabriquant la chaux dans des fours *ad hoc* ; 2° Houpiers, fabricants de houppes ; 3 Scieurs d'ais, probablement scieur de long ; 4° Mandeleurs, sans doute pour modeleurs ; 5° Fustiers-charpentiers, du mot « fut » bois ; 6° Taillandiers, fabricants d'outils pour les menuisiers, etc.

dotées d'un blason : vingt-cinq villes en Normandie, dix-huit dans le Soissonnais.

Et de fait, les impôts de guerre s'étaient multipliés à tel point que, dans certaines petites villes, les chirurgiens, trop modestes pour répondre à l'édit du grand Roi, avaient dû s'allier aux professions les plus infimes pour s'offrir des armoiries collectives, rappelant les divers corps de métiers agréés dans la communauté.

Citons quelques exemples, tout en faisant remarquer que l'effigie des saints Côme et Damien était toujours exclue de ces blasons collectifs où chacun donnait sa note, mais où reparaissait néanmoins la tradition pieuse si chère à nos ancêtres.

Témoin le blason de la ville de Selles, en Auvergne, où les chirurgiens, les chandeliers, les épiciers, les huiliers, les potiers d'étain étaient représentés chacun pour leur quote-part par une lancette et deux boëttes, un cierge, deux noix muscades, une olive et un pot.

Idem. — A Vailly, en Soissonnais, où la communauté des chirurgiens, des apoticaires, merciers ou drapiers avaient choisi pour patron saint Joseph avec un lys au naturel.

Idem. — Le même saint figurait dans le blason collectif de la communauté des marchands, maréchaux, chirurgiens, tisseurs de toile, massons, cordonniers et fustiers de la ville de Grimaud, en Provence.

A Tulle, à Montauroux, en Provence, nous voyons également les chirurgiens s'allier aux apotiquaires, tailleurs, marchands et revendeurs et choisir Notre-Dame pour patronne de la communauté.

Ailleurs, en Poitou, à Lussac, nous trouvons les chirurgiens faisant alliance avec les épiciers, les sergetiers et les merciers et inscrivant sur leur blason une « aulne d'or et une balance ». A Tiffauges en Vendée, les chirurgiens, marchands d'étoffes, de drap, de laines, associés aux pelletiers, adoptent « l'aulne d'argent ». Là, comme en Provence, dans la petite ville de Tourettes, les communautés disparates placent leurs intérêts sous le patronage de sainte Madeleine. Mais dans cette dernière ville, les chirurgiens sont perdus dans un flot de professions de plus en plus viles telles que les tisseurs, menuisiers, charpentiers, maréchaux, hôteliers, cabaretiers et muletiers dont chacun tient à honneur d'introduire dans l'écusson un emblème rappelant sa participation à l'œuvre commune.

Ces préliminaires nous permettent de comprendre comment étaient composés les blasons par les « officiers d'armes » dont la création fut d'ailleurs passagère.

Le blason faisait souvent allusion au caractère des chirurgiens postulants. A Ribeauvilliers (Alsace) figurent un cygne et un serpent, symbole de la prudence, avec la devise (exceptionnel) « Prudentia et vigilentia ». A Saumur les chirurgiens choisissent « un œil au naturel », symbole de la clairvoyance.

Plus modestes sont les chirurgiens d'Issoire qui adoptent « une tortue d'or » et ceux de Saint-Loup en Poitou qui figurent un loup sur leurs armoieries parlantes. Ceux de La Flèche « une flèche ». Ceux du Mans, « une scie à main ». Ceux de Mareuil en Poitou, moins révérencieux, inscrivent une seringue. Enfin quelques-uns arborent la vulgaire « perruque [1] ». — A Ipres, en Flandre, la pierre à aiguiser apparaît et remplace les instruments professionnels qui figurent dans presque tous les blasons (razoirs, spatules, boëttes, fiolles, ciseaux, ventouses, têtes de mort et trépan (à Cambray par exemple).

On voit en somme que la pensée professionnelle dont étaient pénétrés les chirurgiens du XVIIe siècle, était intimement liée à l'idée corporative et religieuse.

1. Loches (Dioc. de Tours) et en Poitou : une perruque d'or.

Cette conclusion nous paraît ressortir de la collection ci-jointe et dans laquelle nous voyons figurer saints Cosme et Damien sur cinquante blasons des villes, de beaucoup les plus importantes de France, dans lesquelles se trouvait à coup sûr l'élite des chirurgiens d'alors, comme on le verra plus loin ; saints Cosme et Damien y figurent au titre professionnel, munis des attributs médicaux ou chirurgicaux, si bien étudiés par le R. P. Cahier, S. J., dans ses *Caractéristiques des saints*. Dans une seule ville cependant (à Vervins), nous trouvons nos saints anargyres considérés comme martyrs et porteurs de glaives, armes qui furent choisies pour les décapiter.

Les cinquante villes dont les chirurgiens choisirent saints Cosme et Damien étaient les suivantes :

Dans le diocèse de Bourges, la communauté des chirurgiens de Vierzon, La Charité, Issoudun et Bourges. En Bretagne, les chirurgiens de Brest. En Guienne, la communauté des chirurgiens de Bordeaux. Dans le Lyonnais les communautés des chirurgiens de Lyon et Saint-Etienne. En Normandie, saints Côme et Damien figurent dans les armoiries des chirurgiens d'Alençon, Eu, Beaumont, Falaise, Gisors, Harfleur, Le Hâvre, Louviers, Mortagne, Neufchatel, Pont de l'Arche, Pont-Audemer, Séez. Les mêmes saints sont adoptés dans les blasons des chirurgiens d'Orléans et Romorantin. De même en Flandre, à Douai, Dunkerque, Lille, Tournai, Valenciennes. Dans le diocèse de Poitiers, nous les retrouvons à Fontenay-le-Comte, Melle et Montmorillon. Enfin nos saints anargyres sont honorés et choisis dans les communautés de chirurgiens de Martigues en Provence, de Saint-Jean-d'Angély, Doué, Angers, Tours et La Flèche, c'est-à-dire dans tous les grands centres.

On est également frappé de la rareté de la fleur de

lys dans les blasons des chirurgiens, étant donné que Louis XIII aurait, d'après la tradition, octroyé aux chirurgiens cet emblème royal en l'honneur des saints Côme et Damien, dont la fête du 27 septembre était la date anniversaire de sa naissance.

La fleur de lys apparaît néanmoins dans les blasons des chirurgiens de Marseille, Bordeaux et Murat.

Pour la facilité de la lecture, nous croyons devoir rappeler ici la signification de quelques termes héraldiques employés couramment dans la description des blasons (ADELINE, *Lexique d'art*, Paris, édit. Quantin).

On trouvera plus loin, dans la collection des blasons, en renvois, quelques notes explicatives des termes employés :

I. *D'azur*, se dit du fond bleu. S'indique en blason par des hachures horizontales.

II. *De gueule*, se dit d'un fond rouge. S'indique en gravure par des hachures verticales.

III. *De sable*, se dit d'un fond noir. S'indique en gravure par des hachures noires perpendiculaires l'une à l'autre ou par des hachures blanches très fines, mais laissant entre elles de larges points noirs disposés carrément.

IV. *De sinople*, se dit d'un fond de couleur verte. S'indique en gravure par des hachures inclinant de gauche à droite.

V. *D'argent*, couleur blanche. S'indique en gravure en laissant le champ complètement libre.

VI. *D'or*, seul métal avec l'argent, employé en blason. S'indique en gravure par des points très légers posés en diagonale.

VII. *De carnation*, se dit des figures représentées sur l'écu avec leurs couleurs naturelles.

VIII. *Chef*, se dit de la partie supérieure de l'écu.

IX. *Pointe*, pièce triangulaire montant de bas en haut, occupant seulement les deux tiers de la partie de l'écu. La pointe a son sommet au centre ou au chef de l'écu.

I

Armoiries des chirurgiens d'Alsace[1].

(D'HOZIER, *Armorial général*, tome I, n° 31,194.)

1. La communauté des chirurgiens d'Hagueneau. D'HOZIER, t. Ier, p. 1020.

« De gueules à une lancette d'or accostée de deux oiseaux affrontés d'or. »

2. Communauté des chirurgiens de la ville de Landau. *Ibid.*, t. Ier, p. 383.

« D'azur à un pélican dans son aire d'or ensanglanté de gueules. »

3. Communauté des chirurgiens de Ribeauvilliers et Sainte-Marie-aux-Mines, du côté d'Alsace. *Ibid.*, t. Ier, p. 503.

« D'azur à un cygne d'argent bequé de gueules nageant sur des ondes de sinople et un serpent contourné[2] de sable, couronné d'or, entrelassé avec le col du cygne qui a une couronne aussy d'or passée à son col, le tout accompagné de ces mots : « *prudentia et vigilentia* », en caractères de même. »

4. Communauté des chirurgiens de Schelestadt. *Ibid.*, t. Ier, p. 505.

« D'azur à un saint Antoine passant, tenant de sa main dextre son bâton duquel pendent deux clochettes, et de sa senestre tenant un livre ouvert, le saint accosté de deux roses, ayant derrière luy son cochon contourné, le tout d'or sur une terrasse de même. »

5. Communauté des chirurgiens de Wasselonne. D'HOZIER, t. Ier, p. 614.

« D'azur à un saint Cosme d'or tenant en sa main dextre un rasoir ouvert d'argent emmanché d'or. »

1. Il n'existait pas, à la fin du XVIIe siècle, de communauté de chirurgiens à Strasbourg.

2. *Contourné.* — Se dit des animaux ou objets qui regardent le flanc senestre de l'écu. — C'est une déviation des règles ordinaires en matière héraldique suivant lesquelles ils doivent regarder le flanc dextre. (Riestapp.)

II

Armoiries des chirurgiens d'Auvergne.

6. Armoiries de la communauté des médecins, apothicaires et chirurgiens de la ville d'Ambert D'HOZIER, *Armorial général*, t. II, p. 181.

Porte : « D'azur à un saint Cosme et Damien d'or. »

7. Armoiries de la communauté des médecins et apothicaires de Murat. D'HOZIER, t. II, p. 514 515.

Porte : « D'azur à un mortier d'or et un chef d'argent chargé d'une fleur de lys d'azur ».

8. Armoiries de la communauté des chirurgiens d'Aurillac. D'HOZIER, t. II, p. 557.

Porte : « De gueules à trois rasoirs d'argent posés en face. »

9. Armoiries de la communauté des médecins, apothicaires, chirurgiens, perruquiers et barbiers de la ville de Brioude. Etat du 5 janvier 1700. D'HOZIER, t. II, p. 191.

« D'or à un saint Cosme et un saint Damien de carnation vêtus de leurs longues robes de sable, tenant l'un une boëtte couverte de gueules et l'autre une spatule d'argent. »

10. Communauté des maîtres chirurgiens de Clermont. D'HOZIER, *Armorial général*, t. II, p. 150.

Porte : « D'azur à un rasoir ouvert en pal. d'argent, emmanché d'or accosté de deux lancettes de même. »

11. La communauté des médecins, chirurgiens et apothicaires de la ville d'Issoire. D'HOZIER, t. II, p.

Porte : « D'azur à une tortue d'or. »

12. La communauté des apothicaires, chirurgiens et meuniers de Montferrand. D'HOZIER, *Arm. gén.*, t. II, p. 149.

Porte : « D'or à un saint Cosme et un saint Damien de carnation, vêtus de robes de sable, tenant l'un une boëtte couverte de gueules et l'autre une spatule d'azur. »

13. La communauté des chirurgiens de Maringues. D'HOZIER, t. II, p. 382.

Porte : « D'or à trois lancettes de sable posées 2-1. »

14. La communauté des chirurgiens de Pierrefort. D'HOZIER, t. II.

Porte : « D'azur, semée de besans d'or et un écheveau d'argent, brochant [1] sur le tout. »

15. La communauté des chirurgiens de Riom. D'HOZIER, t. II, p. 365.

Porte : « D'argent, à trois lancettes de sable, posées 2 et 1. »

16. La communauté des médecins, et apothicaires et chirurgiens de Saint-Germain-Lambron. D'HOZIER, t. II, p. 253-254.

Porte : « D'azur à un saint Cosme et un saint Damien d'or. »

17. La communauté des médecins apotiquaires et chirurgiens de Sauxillanges. D'HOZIER, t. II, p. 255.

Mêmes armoiries qu'à Saint Germain-Lambront.

18. La communauté des chirurgiens de la ville de Villefranche-en-Beaujolais. D'HOZIER, *Armorial général de France*, t. XVII, p. 863.

Porte : « De gueules à un saint Cosme et Damien et autour est écrit : « La communauté des chirurgiens de Villefranche en Beaujolais »

III

Armoiries des chirurgiens de la province de Bourges [2].

19. Communauté des maîtres chirurgiens et apotiquaires de la ville de la Charité. D'HOZIER, t. V, p. 470, nº 25.

Porte : « D'azur à un saint Cosme d'or, tenant en sa main dextre une spatule d'argent. »

20. Communauté des chirurgiens, apothicaires et perruquiers d'Issoudun. t. V, p. 281. Etat du 26 septembre 1698.

Porte : « D'azur à un saint Cosme et Damien d'or, tenant une boette couverte de même. »

1. *Brochant*. — Se dit d'une pièce héraldique ou d'un meuble ordinaire qui passe sur un autre objet qu'il couvre en partie.

2. La communauté des maitres barbiers et perruquiers de la ville de Bourges portait : « D'azur à un saint Louis d'or ». Sans doute par allusion à la fondation de la confrérie de Saint-Côme par saint Louis, confrérie à laquelle les barbiers et perruquiers souhaitaient ardemment d'être affiliés. (D'HOZIER, t. V, p. 182.)

21. Communauté des médecins, chirurgiens, chandeliers, épiciers, huilliers, et potiers d'étain de la ville de Selles.

Porte : « D'azur à deux cierges d'argent accompagnez en chef d'une noix muscade, d'or, aux flancs de deux ollives d'argent et en pointe d'un pot de même et en chef aussy d'argent chargé d'une lancette ouverte d'azur accostée de deux boëttes couvertes de gueules. »

22. Communauté des chirurgiens, apothicaires, barbiers et perruquiers de Vierzon. Etat du 24 décembre 1700. D'HOZIER, t. V, p. 418.

Porte : « De gueules à un saint Cosme d'argent, tenant d'une main, une spatule d'or et de l'autre des ciseaux de même. »

23. Communauté des chirurgiens de Bourges. D'HOZIER, t. V, p. 176.

La communauté des chirurgiens de Bourges porte : « D'azur à un saint Cosme et Damien d'or. »

IV

Armoiries des chirurgiens de Bourgogne.

(D'HOZIER, *Armorial général*, tome VII. — Bibl nat., manuscrits.)

24. Communauté des chirurgiens de la ville d'Arnay-le-Duc (canton de Semur-en-Auxois). T. VII.

Porte : « D'argent à une boëtte couverte, de sinople. »

25. Communauté des chirurgiens d'Autun. D'HOZIER, t. VII, p. 560.

« D'or à une boite couverte de gueules. »

V

Armoiries des chirurgiens de Bretagne.

(D'HOZIER, *Armorial général de France*.— Bibl. nat, salle des manuscrits.)

26. La communauté des maîtres chirurgiens et apotiquaires de la ville de Brest, par état du 19 décembre 1698. D'HOZIER, *Armorial général*, t. IX, p. 360.

Porte : « D'or à un saint Cosme et Damien habillez et coiffez de gueules avec des fourrures d'argent, le premier tenant de sa main senestre une lancette ouverte d'azur, et le deuxième tenant de sa main dextre une boëtte couverte de même, accostée d'un savon d'argent. »

27. La communauté des maîtres chirurgiens de la ville de Rennes. D'HOZIER, *Arm. gén.*, t. VIII, p. 479.

Porte : « D'or à un bâton d'Esculape de sinople posé en pal, entortillé d'un serpent de même lampassé [1] de gueules. »

28. La communauté des chirurgiens et apoticaires de la ville de Châteaubriant. T. IX, p. 810. Bretagne, II. D'HOZIER, *idem*.

Porte : « De gueules à une spatule d'argent, posée en pal adextrée d'une boëtte couverte d'or et senestrée d'une lancette d'argent clouée d'or.

29. La communauté des maîtres chirurgiens de la ville de Fougères. D'HOZIER, t. IX, p. 590.

« D'azur à une boëtte couverte d'or, posée en cœur (?) et accompagnée de trois lancettes ouvertes d'argent et en chef et d'une en pointe. »

30. La communauté des maîtres chirurgiens de la ville de Nantes. D'HOZIER, *id.*, t. IX, p. 590.

Porte : « D'azur à trois fleurs de lys d'or 2 et 1.

31. La communauté des maîtres chirurgiens de la ville de Saint-Malo. D'HOZIER, *Bretagne*, t. IX, p 438.

Porte : « D'argent à trois boëttes couvertes d'azur, posées 2 et 1 accompagnées de mouchetières d'hermines posées 1 en chef et 2 en pointe. »

VI

Armoiries des chirurgiens de la province de Champagne [2].

(D'HOZIER, *Armorial général*, t. X, n° 32,203.)

32. Communauté des maîtres chirurgiens, barbiers et perruquiers de Châlons. D'HOZIER, t. X, p. 838.

« De gueules à deux spatules en chef rangées en pal et une paire de ciseaux ouverts en sautoir posez en pointe, le tout d'argent. »

1. *Lampassé* indique l'émail de la langue des animaux sauvages et particulièrement du lion. (Riestapp.)

2. Il n'existait pas à Vitry-le-François de communauté de chirurgiens. Les barbiers et perruquiers avaient donc adopté saint Louis comme fondateur de la confrérie de Saint-Côme. (V. plus haut la même remarque relativement aux maîtres perruquiers et barbiers de la ville de Bourges.)
La communauté des barbiers et perruquiers de la ville de Vitry-le-François portait : « D'azur à un saint Louis tenant un sceptre de sa main dextre et une main de justice de sa senestre, le tout d'or. »

33. Communauté des apothicaires et chirurgiens d'Epernay.

« D'argent à deux spatules d'azur en chef et une boëtte couverte de gueules en pointe ».

Reims.

(Néant.)

34. Communauté des chirurgiens de Rethel. D'HOZIER, t. X, p. 390.

« De gueules à un rasoir ouvert d'argent posé en pal accosté de deux lancettes de même emmanchées d'or et clouées de sable. »

Troyes.

(Néant.)

VII

Armoiries des chirurgiens de Guyenne.

(D'HOZIER, *Armorial général*, t. XIII. — Bibl. nat , salle des manuscrits.)

35. Communauté des chirurgiens de Bordeaux. *Arm. gén.* t. XIII, p. 913.

Porte : « D'azur aux deux saints Cosme et Damien d'or sur une terrasse de sable, l'écu semé de fleurs de lys d'or. »

Languedoc.

(D'HOZIER, *Armorial général,* t. XIV, n° 3?,207.
Salle des manuscrits, Bibl nat.)

36. Communauté des chirurgiens de Montauban. D'HOZIER, t. XIV, p. 1004.

Porte : « D'or à un chevron de gueules accompagné en pointe d'une lancette de sable. »

37. Communauté des chirurgiens d'Albi. *Ibid.*, t. XIV, p. 647.

Porte : « De sable à un trèfle d'or. »

38. Communauté des chirurgiens de Carcassonne. *Ibid.*, t. XIV, p. 679.

Porte : « De fassé d'or et d'azur de six pièces. »

39. Communauté des chirurgiens de Castres. t. XIV, p. 712.

« De sable à trois billettes [1] d'or posées es pal. »

40. Communauté des chirurgiens de Villefranche (Languedoc). t. XIV, p. 1108.

« De gueules à une lancette d'argent. »

VIII

Armoiries des chirurgiens de Lyon.

(D'Hozier, *Armorial général*. — Bibl. nat., manuscrits.)

41. La communauté des chirurgiens de Lyon. D'Hozier, loc. cit., t. XVII, p. 761.

Porte : « D'azur à un saint Cosme et un saint Damien d'or, l'un tenant une boëtte couverte, et l'autre un spatule de même. »

42. La communauté des maîtres chirurgiens de Saint-Estienne, t. XVII, p. 777.

Porte : « D'azur à un saint Cosme et Damien d'or. »

IX

Armoiries des chirurgiens du Limousin

(D'Hozier, *Armorial général*, t. XVI.)

43 La communauté des chirurgiens et perruquiers de la ville de Limoges. D'Hozier, t. XVI, p. 313.

Porte : « D'or à une fasse de gueules. »

44. La communauté des chirurgiens d'Angoulême. D'Hozier, t. XVI, p. 350.

« D'argent à trois barres de gueules. »

1. Pièces de second ordre, ayant la forme de rectangle, posées sur leur petit côté. — On dit que les billettes sont renversées lorsqu'elles sont posées sur leur grand côté. Elles peuvent être ajourées (à jour) ou pleines. (Adeline, *Lexique d'art*, p. 50.)

45. La communauté des chirurgiens, apothicaires, barbiers et perruquiers de la ville de Tulle. D'HOZIER, *Ibid.*, t. XVI, p. 480.

« D'argent à une Notre-Dame de carnation, vêtue d'azur et de gueules et couronnée d'or. »

X

Armoiries des chirurgiens de Lorraine.

(D'HOZIER, *Armorial général*, t. XVIII.)

46 Chirurgiens de Bar-le-Duc. D'HOZIER, *Arm. génér*, t. XVIII, p. 149 et 150.

Porte : « Coupé au premier de gueules Parti d'argent, au 2e d'or. »

47. Communauté des maîtres chirurgiens de Metz. *Ibid.*, t. XVI, p. 618.

Porte : « D'or à une bande de gueules chargée d'or et de besans[1] dorés. »

48. Chirurgiens de Thionville, t. XVI, p. 690.

« D'argent à une barre de sable chargée d'un besan d'argent. »

XI

Armoiries des chirurgiens de Normandie.

49. Communauté des chirurgiens, barbiers et perruquiers de la ville d'Alençon. D'HOZIER, tome XIX, p. 702.

Porte : « D'azur à un saint Cosme et un saint Damien de carnation vêtus de sable. »

50. Communauté des apothicaires et chirurgiens de la ville d'Argentan. *Ibid.*, t. XIX, p. 741.

« De gueules à deux spatules d'or passées en sautoir accompagnées en pointe d'une lancette ouverte d'argent emmanchée et clouée d'or. »

1. *Besant* — Se dit, en termes héraldiques, d'une monnaie d'or ou d'argent sans empreinte toujours posée dans un champ de couleur. (Riestapp.)

51. Communauté des chirurgiens de Beaumont. *Ibid*, t. XIX, p. 940.

« D'argent à un saint Cosme et à un saint Damien de carnation vêtus de robes longues de sable, leur tête couverte chacun d'un bonnet de même l'un tenant une spatule de sable et l'autre tenant une boëtte couverte de même. »

52. Communauté des chirurgiens et perruquiers de Bellesme. p 1225.

« D'azur à une spatule d'argent adextrée d'un rasoir de même et sénestrée d'or à poigne d'or. »

53. Communauté des maîtres chirurgiens de Caen. D'Hozier, t. XX, p. 554.

« De gueules à une boëtte couverte d'or. »

54. Communauté des maîtres chirurgiens de la ville de Carentan. *Ibid.*, t. XX, p. 751.

« De gueules à deux coupes couvertes d'or. »

55. Communauté des maîtres chirurgiens de la ville de Châteauneuf (Normandie). *Ibid.*, t. XIX, p. 992.

« D'azur à un rasoir d'argent emmanché d'or, ouvert en chevron, accompagné en chef de deux lancettes d'argent et emmanchées de sable et clouées d'or. »

56. Communauté des maîtres chirurgiens de la ville de Conches. *Ibid.*, t. XIX, p. 1309.

« D'argent à une bande de gueules chargée d'un clou d'or. »

57. Communauté des chirurgiens, apothicaires et perruquiers de la ville de Domfront. *Ibid.*, t. XIX, p. 1155.

« D'azur à une spatule d'or posée en pal [1] adextrée d'un rasoir d'argent et senestrée d'un peigne d'or. »

58. Communauté des chirurgiens de la ville d'Eu. *Ibid.*, t. XXI, p. 1426.

« D'azur à un saint Cosme d'or. »

1. *En pal.* — Pieces longues posées verticalement qui peuvent être égales au tiers de l'écu (pièce honorable).

59. Communauté des maîtres chirurgiens de la ville de Falaise. *Ibid.*, t. XIX, p. 1097.

« D'argent à un saint Cosme et un saint Damien de carnation et vêtus de sable. »

60. La communauté des maîtres chirurgiens de la ville de Gisors. t. XXI, p. 1351.

« D'azur à un saint Cosme et un saint Damien d'or. »

61. La communauté des chirurgiens de Harfleur. *Ibid.*, t. XXI, p. 1205.

« D'or à un saint Cosme de carnation vêtu d'une robe de sable. Sa tête couverte d'un bonnet de même tenant une spatule d'argent en sa main dextre. »

62. La communauté des maîtres chirurgiens du Hâvre. *Ibid.*, t. XXI, p. 1204.

« D'azur à un saint Cosme tenant une spatule de sa main dextre et un rasoir ouvert en sa senestre, le tout d'or. »

63. La communauté des chirurgiens, apoticaires et barbiers de la ville de Laigle. *Ibid.*, t. XIX, p. 726.

« D'azur à une spatule d'or en pal adextrée d'un rasoir ouvert en chevron d'argent, emmanché de sable et senestrée d'une boëtte ouverte d'or. »

64. La communauté des chirurgiens de Louviers. *Ibid.*, t. XXI, p. 1047.

« D'azur à un saint Cosme tenant une spatule d'argent en sa main dextre. »

65. La communauté des chirurgiens de Montivilliers, t. XXI, p. 1198.

« D'azur à un chevron d'or accompagné de trois lancettes d'argent clouées et emmanchées d'or, 2 en chef et 1 en pointe. »

66. Communauté des chirurgiens, apoticaires et droguistes de Mortagne. *Ibid.*, t. XIX, p. 1007.

« D'or à un saint Cosme et un saint Damien de carnation vêtus en robe de sable et un tenant une spatule de gueules et l'autre une boëtte couverte de même. »

67. La communauté des chirurgiens de Neufchâtel. *Ibid.*, t. XXI, p. 1411.

« D'azur à un saint Cosme d'or. »

68. La communauté des chirurgiens de Pont-de l'Arche, t XXI, p. 1049.

« D'azur à un saint Cosme d'or tenant une spatule d'argent en sa main dextre. »

69. La communauté des chirurgiens de Pont-Audemer, t. XXI, p. 1259.

« De gueules à un saint Cosme d'or tenant en sa main dextre une spatule d'argent. »

70. La communauté des chirurgiens de Rouen, t. XXI. p. 1038.

« D'azur à un sautoir [1] d'argent chargé de tourtaux [2] de gueules, accompagnés en chef et en pointe d'une lancette d'argent emmanché d'or. »

71. La communauté des chirurgiens de la ville de Séez. D'Hozier, t. XIX, p. 724.

« D'azur à un saint Cosme et saint Damien d'or. »

72. La communauté des chirurgiens, apotiquaires et droguistes de la ville de Valognes. D'Hozier, t. XX, p. 703.

« D'azur à un chevron d'argent porté de sinople à une redorte [3] de trois pièce d'or. »

73. La communauté des chirurgiens de Vire D'Hozier, t. XX, p. 705.

« D'azur à un losange d'argent porté de sable à un écusson d'or. »

XII

Armoiries des chirurgiens de l'Orléanais.

(D'Hozier, *Armorial général.*)

74. La communauté des barbiers, perruquiers et droguistes de la ville de Beaugency. D'Hozier, *Armorial général*, t. XXII, p. 590.

« Taillé, emmanché de gueules et d'argent. »

1. *Sautoir.* — Se dit d'une pièce héraldique produite par la réunion de la bande et de la barre, par exemple la croix de saint André. (Riestapp.)
2. *Tourteaux.* — Pièce de second ordre ayant la forme de disques toujours de couleur, tandis que les besants sont toujours de métal. (Adeline, *Lexique d'art*, p. 398.)
3. Branche d'arbre feuillée nouée en double sautoir.

75. Communauté des maîtres chirurgiens de la ville de Blois. D'Hozier, t. XXII, p. 780.

« Tiercé [1] en pal d'argent, d'azur et d'hermines. »

76. Communauté des chirurgiens de la ville de Chartres, t. XXII, p. 703.

« Tiercé en fasce d'or, d'argent et de sinople. »

77. Communauté des maîtres chirurgiens de Châteaudun, t. XXII, p. 846.

« D'azur à deux bandes d'argent. »

78. Communauté des chirurgiens de la ville de Dourdan, t. XXII, p. 950.

« Tiercé en bande de vair, de sinople et de sable. »

79. Communauté des médecins, chirurgiens et apotiquaires de la ville de Gien.

« Tiercé en barre, d'argent, de gueules et d'hermines. »

80. Communauté des maîtres chirurgiens d'Orléans. D'Hozier, t. XXII, p. 370.

« D'azur à un saint Cosme et un saint Damien d'or posez sur une terrasse de même. »

81. Communauté des médecins et chirurgiens de la ville de Pithiviers. *Ibid.*, t. XXII, p. 975.

« Tiercé en barre d'azur, d'or et de vair [2]. »

82. Communauté des chirurgiens de la ville de Romorantin. *Ibid.*, t. XXII, p. 1009.

« D'azur à un saint Cosme et un saint Damien d'or. »

83. Communauté des chirurgiens de la ville de Vendôme, t. XXII, p. 891.

« Tiercé en bande, d'or, de sable et de gueules. »

1. *Tiercé* signifie que l'écu était divisé en trois parties égales au moyen de lignes droites, en bandes, en barres ou en chevrons. (Riestapp.)

2. *De vair.* — Sorte de panne ou fourrure tantôt d'argent et tantôt d'azur. Dans les pannes (dentelures engrenées), le métal est opposé à la couleur.

XIII

Armoiries des chirurgiens de Paris.

84. La communauté des chirurgiens de Paris. D'HOZIER, t. XXIV, (Paris II), p. 1186.

Porte : « D'azur à trois boites couvertes d'argent. »

XIV

Armoiries des chirurgiens de Picardie.

(Cf. à l'*Indicateur des armoiries des villes, bourgs, villages, monastères, communautés, corporations*, par Ulysse ROBERT.)
(Alph. Picard, éditeur, 1879. Bibl. Nat. salle des manuscrits.)

85. La communauté des chirurgiens d'Abbeville. D'HOZIER, *Armorial général de France* (Picardie), t. XXVII, n° 32220, p. 644.

Porte : « D'argent à un pal cannelé [1] de sinople. »

XV

Armoiries des chirurgiens de Flandre.

86. La communauté des chirurgiens de Cambray. D'HOZIER, *Arm. général* (Flandre), t. XII, p. 612.

Porte : « De gueules à une teste de mort d'or posée en pointe et surmontée d'un trépan d'argent posé en pal. »

87. Le corps de chirurgiens de la ville de Douay [2]. *Arm. général.* D'HOZIER, t. XII, p. 628.

Porte : « D'argent à un saint Cosme et saint Damien, de carnation habillez de sable et coiffez de bonnets quarrez de même le premier gesticulant de sa main gauche, et le second tenant devant soy entre les siennes un petit coffret de gueules et tous deux posez sur une terrasse de sinople. »

1. Engrelé dont les pointes sont en dedans et le dos en dehors (vulgairement en festons).
2. Armoiries reproduites dans le travail précédent.

88. La communauté des chirurgiens de Dunkerque[1]. *Ibid.*, t. XII, p. 446.

Porte : « D'argent à saint Cosme et saint Damien sur une terrasse de sinople à côté l'un de l'autre et ayant le visage et les mains de carnation, vêtus de gueules et de pourpre, ayant chacun un bonnet quarré de gueules sur leurs têtes et tenant l'un, une fiolle d'argent, et l'autre une boëtte de même de leur main dextre et un livre ouvert de leur main senestre et un dauphin d'azur creté et oreillé de gueules posé en chef et séparé du reste par un trait de sable. »

89. Communauté des chirurgiens de la ville d'Ipre (Flandre). D'Hozier, t. XII, p. 1150.

Porte : « De gueules à une pierre à aiguiser d'argent posée en pal, adextrée d'un rasoir de même et senestrée d'une lancette d'or. »

90. Communauté des chirurgiens de Lille. D'Hozier, t. XII (Flandre), p. 545.

Porte : « De gueules aux deux figures de saint Cosme et de saint Damien assis, d'argent, leurs testes entourées d'une gloire d'or. »

91. Communauté des chirurgiens de Tournai. D'Hozier, t. XII (Flandre), p. 981.

Porte : « D'or à un saint Cosme et un saint Damien afrontez de carnation vêtus de gueules et de pourpre brodé d'or, le premier tenant de sa main senestre une fiole d'argent et le second tenant de sa main dextre une spatule de même et de sa senestre une fiole aussy d'argent, le tout posé sur une terrasse de sinople.

92. Communauté des chirurgiens de Valenciennes. (Flandre). D'Hozier, *Arm. génér.*, t. XII, p. 886.

Porte : « D'argent à deux saints de carnation posés à pied sur une terrasse de sinople un à dextre vêtu de pourpre sur or tenant devant soy une boëtte d'argent et l'autre à senestre vêtu de sable ayant un rabat d'argent et tenant aussy devant soi une espatule de même et en chef une lancette ouverte d'azur garni de sable. »

1. Id.

XVI

Armoiries des Chirurgiens du Poitou.

(D'Hozier, *Armorial général*, t. XXVIII, n° 32,221.)

93. Communauté des chirurgiens et apothicaires de la ville de Bressuire. D'Hozier, t. XXVIII, p. 273.

Porte : « De gueules à trois écrevisses de gueules, deux et une.

94. Communauté des apothicaires et chirurgiens de Châtellerault. *Ibid.*, t. XXVIII, p. 400.

Porte : « D'azur à un saint Cosme et un saint Damien d'or. »

95. Communauté des chirurgiens et apothicaires de Civray. *Ibid.*, p. 1522.

« De sinople à deux pals d'or chargées chacune de quatre pièces de vaire de gueules. »

96. Communauté des chirurgiens et apothicaires de Chauvigny. *Ibid* , t. XXVIII, p. 1496.

« D'azur à cinq lancettes d'argent mises en croix. »

97. Communauté des chirurgiens de Fontenay-le-Comte, t. XXVIII, p. 508.

« D'argent à un saint Cosme et un saint Damien de carnation vêtus d'une robe de gueules. »

98. Communauté des chirurgiens et apothicaires de la ville de Luçon. *Ibid.*, t. XXVIII, p. 1567.

« De sinople à un mortier d'or accompagné en chef de deux lancettes d'argent. »

99. Communauté des chirurgiens et apothicaires de Lusignan. *Ibid.*, t. XXVIII, p. 850.

« D'argent semée de lancettes de sable à trois rasoirs de même posées 2 et 1. »

100. Communauté des chirurgiens, épiciers, merciers et sergetiers de la ville de Lussac. *Ibid.*, t. XXVIII, p. 1493.

« De gueules à une aune d'or mise en fasse surmontée d'une balance de même. »

101. Communauté des chirurgiens et apothicaires de Mareuil. D'Hozier, t. XXVIII, p. 1180.

« D'azur à une seringue d'argent mise en barre. »

102. Communauté des apothicaires et chirurgiens de Melle. *Ibid.*, t. XXVIII, p. 436.

« D'azur à un saint Cosme et un saint Damien de carnation vêtus de gueules. »

103. Communauté des chirurgiens et apothicaires de Montmorillon, t. XXVIII, p. 551.

« D'azur à un saint Cosme et un saint Damien d'or. »

104. Communauté des apothicaires et chirurgiens de la ville de Niort. D'Hozier, *Armorial général*, t. XXVIII, p. 1065.

« D'or à un mortier d'azur accompagné en chef de deux lancettes de sable. »

105. Commununuté des chirurgiens d'Oirvaux. *Ibid.*, t. XXVIII, p. 545.

« D'azur à un rasoir ouvert en pal d'argent adextré d'une spatule de même et senestrée d'une lancette d'or. »

106. Communauté des chirurgiens et apothicaires de Parthenay. *Ibid.*, t. XXVIII, p. 930.

« D'azur à un lion d'argent et un chevron de sable brochant sur le tout. »

107. Communauté des chirurgiens de Poitiers. *Ibid.*, t. XXVIII, p. 788.

« De gueules à un sautoir d'or chargé de cinq lancettes de sable. »

108. Communauté des chirurgiens et apothicaires de la ville de « Les Sables », t. XXVIII, p. 385.

Porte : « D'argent à un saint Cosme et un saint Damien, de carnation, vêtus de gueules, leurs manteaux doublés d'hermines et leurs têtes couvertes de bonnets quarrez et de sable, le premier tenant de sa main senestre levée une boite couverte d'azur et le second tenant aussi de sa main dextre une fiole de gueules et tous deux posez sur une terrasse de sinople de laquelle naissent deux simples de même. »

109. Communauté des chirurgiens de Saint-Loup (Poitou). *Ibid.*, t. XXVIII, p. 929.

« D'azur à deux lancettes d'argent en chef et un loup d'or en pointe. »

110. Communauté des chirurgiens et apothicaires de Saint-Maixent. *Ibid.*, t. XXVIII, p. 433.

« D'azur à un saint Cosme et un saint Damien d'or. »

111. Communauté des chirurgiens et apothicaires de Thouars. *Ibid.*, t. XXVIII, p. 713.

« De gueules à un saint Cosme et un saint Damien d'argent. »

112. Communauté des chirurgiens, marchands d'étoffes, drap, laines, pelletiers et apothicaires de Tiffauges. *Ibid*, t. XXVIII, p. 1295.

« De sinople à une aulne d'argent mise en fasse. »

113. Communauté des chirurgiens de Vivonne. *Ibid.*, t. XXVIII, p. 1543.

« De sable à trois rasoirs d'or posés 2 et 1. »

XVII

Armoiries des chirurgiens du diocèse du Soissonnais.

(D'Hozier, *Armorial général*, t. XXXII, n° 32,225.)

114. Communauté des chirurgiens d'Aubenton. D'Hozier. t. XXXII, p. 820.

Porte : « D'azur à une spatule d'argent. »

115. Communauté des chirurgiens, drapiers et merciers de la ville de Bohain. D'Hozier, t. XXXII, p. 812.

Porte : « D'azur à une aune d'argent en fasse marquée de sable, surmontée d'une spatule d'argent. »

116. Communauté des chirurgiens et apothicaires de la ville de Château-Thierry. D'Hozier, t. XXXII, p. 755.

Porte : « D'azur à une boëtte couverte d'or à dextre et une spatule d'argent à senestre. »

117. Communauté des chirurgiens de la ville de Chauny. D'Hozier, t. XXXII, p. 560.

Porte : « D'azur à un saint Cosme et un saint Damien d'or sur une terrasse de même. »

118. Communauté des chirurgiens de la ville de Clermont en Beauvoisis. D'Hozier, t. XXXII, p. 796.

Porte : « D'azur à une spatule d'argent posée en pal. »

119. Communauté des chirurgiens et apothicaires de la ville de Crespy-en-Vallois. D'Hozier, t. XXXII, p. 764.

Porte : « D'azur à une boëtte couverte d'or à dextre et une spatule d'argent à senestre. »

120. Commuaauté des chirurgiens et apothicaires de la ville de La Fère-en-T. D'Hozier, t. XXXII, p. 514.

Porte : « Party au premier d'azur à deux lancettes ouvertes posées en chef trois boëttes couvertes en face et une tête de mort soutenue de deux os passez en sautoir, en pointe, le tout d'argent, au deuxième d'argent à trois roses de gueules rangées en chef une vipère de sinople languée de gueules rampante en face et un rocher de sable en pointe. »

121. Communauté des chirurgiens et apotiquaires de la ville de La Fère en-Tardenois. D'Hozier, t. XXXII, p. 851.

Porte : « De sinople à une boëtte d'or accompagnée en chef de deux lancettes d'argent. »

122. Communauté des chirurgiens de la ville de La Ferté-Millon. D'Hozier, t. XXXII, p. 776.

Porte : « De gueules à une boëte couverte d'argent à dextre et à senestre une spatule de même. »

123. Communauté des chirurgiens de la ville de Guise. D'Hozier, t. XXXII, p. 544.

Porte : « D'argent à une fleur de lis de gueules en chef et en pointe deux boëttes couvertes de sable avec cette inscription autour : Chirurgiens de Guise. »

124. Communauté des chirurgiens de Laon. D'Hozier, t. XXXII, p. 612.

Porte : « D'azur à un saint Cosme et un saint Damien d'or. »

125. Communauté des chirurgiens, apotiquaires et perruquiers de la ville de Nesle. D'Hozier, t. XXXII, p. 733.

Porte : « D'azur à une spatule d'argent en pal adextrée d'une boëtte couverte d'or et senestrée d'un peigne de même. »

126. Communauté des chirurgiens et apotiquaires de la ville de Neuilly-Saint-Front. D'HOZIER, t. XXXII, p. 768.

Porte : « D'azur à une boëtte couverte d'or à dextre et une spatule d'argent à senestre. »

127. Communauté des chirurgiens et perruquiers de la ville de Noyon. D'HOZIER, t. XXXII, p 742.

« D'azur à une spatule d'argent à dextre et un peigne d'or à senestre. »

128. Communauté des chirurgiens de la ville de Ribemont. *Ibid*, t XXXII, p 599.

Porte : « D'azur à une spatule d'argent posée en pal sur laquelle sont brochantes des ciseaux ouverts de même. »

129. Communauté des chirurgiens de la ville de Soissons D'HOZIER, t. XXXII, p. 694.

Porte : « De gueules à un razoir d'argent emmanché et cloué d'or ouvert en chevron [1] accompagné en pointe d'une lancette de même. »

130. Communauté des chirurgiens, apotiquaires, merciers et drapiers de la ville de Vailly. D'HOZIER, t. XXXII, p. 708.

Porte : « De gueules à un saint Joseph d'or tenant en sa main dextre un lis au naturel. »

131. Communauté des chirurgiens et apotiquaires de la ville de Vervins. D'HOZIER, t. XXXII, p 527.

Porte : « D'or à un saint Cosme et un saint Damien de carnation vêtus d'azur et de gueules sur une terrasse de sinople, le premier tenant de la main dextre élevée une boëtte couverte de gueules et appuyant sa senestre sur une épée d'argent la pointe en bas et l'autre tenant de sa main dextre abaissée une épée de même et de sa senestre élevée une fiolle aussi d'argent. »

1. *Chevron*. — Pièce héraldique composée de deux bandes plates assemblées en haut et s'ouvrant en bas en forme de compas. Cette pièce rappelle le chevron des sous officiers rengagés. Il est abaissé quand il ne touche pas le sommet de l'écu.

XVIII

Armoiries des chirurgiens de Provence.

(D'Hozier, *Armorial général*,
t. XXIX et XXX. nos 32,222 et 32,223.)

Aix en Provence.
(Néant.)

132. Communauté des chirurgiens d'Apt. D'Hozier, t. XXX, p. 42.

Porte : « De gueules à une épée posée en pal, la pointe en bas dans son fourreau de sable et attachée à un ceinturon aussi de sable bouclé d'or la bouterolle de même, accompagnée de trois boittes aussi d'or couvertes. »

133. Communauté des chirurgiens d'Arles. D'Hozier, t. XXX, p. 632.

« De sable à une lancette d'argent. »

134. Communauté des chirurgiens de Brignolles, t. XXX, p. 749.

« D'argent à trois bistouris de sable posés 2 et 1. »

135. Communauté des apothicaires, chirurgiens, hotes, mulatiers et tailleurs de Callion, t. XXIX, p. 1256.

« D'argent à une croix de gueules cantonnée au 1er d'une boette couverte de même, au 2e d'une lancette d'azur emmanchée de sable et clouée d'or, au 3e d'un fer de cheval de gueules et au 4e d'une paire de cizeaux d'azur ouverts en sautoir. »

Digne.
(Néant.)

Draguignan.
(Néant.)

136. Communauté des chirurgiens de Grasse, t. XXIX, p. 244.

Porte : « De gueules à une lancette de chirurgien ouverte d'argent et clouée d'or, la pointe en haut. »

137. Communauté des marchands, maréchaux, chirurgiens, tisseurs de toile, massons, cordonniers et fustiers de la ville de Grimaud, t. XXIX, p. 1272.

« D'azur à un saint Joseph d'or tenant en sa main dextre un lis au naturel. »

138. Communauté des maitres chirurgiens jurés de Saint-Cosme de Marseille. D'HOZIER, t. XXIX, p. 639.

Porte : « De gueules à une église d'argent accostée de deux boittes couvertes de même et surmontée d'une fleur de lis d'or rayonnée de mesme et autour ces mots : « *Sanat omnia* »

139. Communauté des chirurgiens de Martigues. D'HOZIER, t. XXIX, p. 469.

Porte : « D'azur aux deux saints Cosme et Damien, l'un tenant une boette et l'autre une ventouse allummée posés de face sur une terrasse de sinople et autour cette légende :

« Saint Cosme et saint Damien. — Martigues. »

140. Communauté des apothicaires, chirurgiens, tailleurs, marchands et revendeurs de Montauroux, t. XXIX, p. 1304.

« D'azur à une Notre-Dame d'argent. »

141. Communauté des maitres chirurgiens, maréchaux et serruriers de la ville de Saint Tropez. D'HOZIER, t. XXIX, p. 1307.

« De sable à une barre d'argent posée en pal adextrée d'un rasoir de mesme et senestrée d'une clef d'or. »

142. Communauté des médecins, chirurgiens et apothicaires de « Le Sault ». D'HOZIER t. XXX, p. 607.

« D'azur à une fiolle d'argent. »

143. Communauté des chirurgiens jurés de Tarascon, t. XXX, p. 659.

« Dazur à un bistouri d'argent. »

Toulon.
(Néant.)

144. Communauté des chirurgiens, tisseurs, menuisiers, charpentiers, maréchaux, hôtes, cabaretiers, muletiers et maçons de Tourettes, t. XXIX, p. 1317.

« D'azur à une sainte Madeleine d'or tenant en sa main une boëtte couverte de même. »

XIX

Armoiries des chirurgiens de La Rochelle.

(D'Hozier, *Armorial général de France,* t. XXXI, n° 32,224. Bibl. Nat., salle des manuscrits.)

145. Communauté des chirurgiens de la ville de La Rochelle. D'Hozier, t. XXXI, p. 152.

Porte : « D'azur à un razoir de sable. »

146. Communauté des chirurgiens de la ville de Saint-Jean-d'Angely. D'Hozier, t. XXXI, p. 423.

Porte : « D'azur à un saint Cosme et Damien d'or ».

147. Communauté des chirurgiens de la ville de Saintes. D'Hozier, *Arm. gén.*, t. XXXI, p. 205.

Porte : « De gueules à un bassin à barbe d'argent accompagné en chef de 2 razoirs de même et en pointe d'une lancette aussi d'argent. »

XX

Armoiries des chirurgiens du diocèse de Tours.

(D'Hozier, *Armorial général,* t. XXXIII.)

148. Communauté des chirurgiens d'Amboise, t. XXXIII, p. 1364.

« De sable à trois boëttes d'or posées en pal. »

149. Communauté des chirurgiens d'Angers, p. 790.

Porte : « D'azur à un saint Cosme et un saint Damien de carnation vêtus en robes de sable avec des bonnets de même fourez d'hermines. »

150. Communauté des médecins, chirurgiens et apotiquaires de Baugé. D'Hozier, t. XXXIII, p. 1525.

« D'or à une fasse de gueules écartelée de gueules à une bande d'or. »

151. Communauté des médecins, barbiers, chirurgiens et apotiquaires de Beaumont-le-Vicomte, t. XXXIII, p. 1331.

« D'or à huit pots posés en orle[1]. »

1. *Orle* signifie bord de l'écu.

152. Communauté des médecins, apothicaires, barbiers et chirurgiens de la ville de Bonnétable, t. XXXIII, p. 1124.

« D'azur à deux boettes couvertes d'or posées en fasse. »

153. Communauté des chirurgiens de Craon, t XXXIII, p. 1215.

« D'azur à trois lancettes posées deux et une. »

154. Communauté de médecins, chirurgiens et apotiquaires de la ville de Doué, t. XXXIII, p. 1010.

« D'argent à un saint Cosme et un saint Damien de carnation vêtus de robes de gueules fourrées d'hermines. »

155. Communauté des chirurgiens et apothicaires de la ville de Duretol. D'Hozier, t. XXXIII, p. 1409.

« De sable à trois boettes d'or posées 2 et 1 »

156. Communauté des chirurgiens de la ville de La Flèche. D'Hozier, t. XXXIII, p. 752.

« D'azur à un saint Cosme et saint Damien d'or et une flèche de même courbée en pointe. »

157. Communauté des chirurgiens de la ville de Laval. *Ibid.*, t. XXXIII, p. 1455.

« Coupé [1] d'argent et de gueules à trois bœttes, 2 en chef et une en pointe de l'un en l'autre. »

158. Communauté des chirurgiens, barbiers et perruquiers de la ville de Loches. *Ibid*, t. XXXIII, p. 1302.

« De gueules à une perruque d'or »

159. Communauté des médecins, chirurgiens et apothicaires de la ville de Loudun. *Ibid.*, t. XXXIII, p. 661.

Porte : « D'argent à trois cœurs de gueules en pointe et posez en pal et en chef d'azur chargé de trois fleurs de lys d'or. »

1. *Coupé.* — Se dit d'un écu ou d'une pièce divisée en deux parties égales au moyen d'un trait horizontal (Riestapp).

160. Communauté des chirurgiens et apothicaires de la ville du Lude. *Ibid.*, t. XXXIII, p. 1520.

« De sinople à une fasse[2] d'argent écartelée[1] d'argent à une barre[3] de sinople. »

161. Communauté des chirurgiens du Mans. *Ibid.*, t. XXXIII, p. 1323.

« De sable à une scie à main d'argent accompagnée de trois lancettes de même, 2 en chef et 1 en pointe. »

162. Communauté des chirurgiens de la ville de Mayenne. *Ibid.*, t. XXXIII, p. 1167.

« D'azur à trois lancettes d'or posées deux et une. »

163. Communauté des chirurgiens de la ville de Saumur. *Ibid.*, t. XXXIII, p. 603.

« Porte : « D'azur à un septier[4] d'or somme d'une main dextre apaumée de même chargé d'un œil au naturel le septier adextré d'une lancette d'argent clouée d'or et senestrée d'un vase aussi d'argent. »

164. Communauté des chirurgiens de la ville de Tours. D'Hozier, *Arm. gén*, *Ibid.*, t. XXXIII, 816.

« D'azur à un saint Cosme et un saint Damien de carnation vêtus de sable, l'un tenant un livre d'or et l'autre une boëtte couverte de même. »

1. *Écartelé.* — C'est-à-dire divisé en quatre quartiers égaux au moyen d'un coupé et d'un porté (Riestapp).
2. *Fasce.* — Se dit d'une pièce de blason servant à diviser l'écu au tiers moyen, transversalement, à égale distance du chef et de la pointe (Adeline).
3. *Barre.* — Se dit d'une pièce héraldique formée de deux lignes diagonales parallèles tirées de senestre à dextre, l'espace entre ces deux lignes constituant la barre.
4. *Septier.* — Mesure de capacité.

Docteur H. Dauchez.

BOURGES. — IMPRIMERIE TARDY-PIGELET

www.ingramcontent.com/pod-product-compliance
Lightning Source LLC
LaVergne TN
LVHW021713230826
846091LV00006BA/2161
9782013467377